AF216574

Impressum
Verlag: BABADADA GmbH, Nedderfeld 112 , 22529 Hamburg
Geschäftsführer / Verlagsleitung: Harald Hof
Druck: Books on Demand GmbH, In de Tarpen 42, 22848 Norderstedt

Imprint
Publisher: BABADADA GmbH, Nedderfeld 112 , 22529 Hamburg, Germany
Managing Director / Publishing direction: Harald Hof
Print: Books on Demand GmbH, In de Tarpen 42, 22848 Norderstedt, Germany

škola
sekolah

trieda
ruang kelas

deliť
membagi
186/2

tabuľa
papan

školský dvor
halaman sekolah

učiteľ
guru

papier
kertas

písať
menulis

pero
pena

písací stôl
meja kerja

pravítko
penggaris

kniha
buku

žiak
murit

školská taška

tas sekolah

peračník

tempat pensil

ceruza

pensil

strúhadlo na ceruzky

pengasah pensil

guma

penghapus

skicár

kertas gambar

kresba

gambar

štetec

kuas

vodové farby

kotak cat

nožnice

gunting

lepidlo

lem

cvičný zošit

buku latihan

domáca úloha

pekerjaan rumah

12

číslo

angka

2+2

sčítať

tambhakan

5-2

odčítať

mengurangi

2×2

násobiť

mengalikan

počítať

menghitung

A

písmeno

huruf

ABCDEFG HIJKLMN OPQRSTU VWXYZ

abeceda

alfabet

hello

slovo

kata

text

teks

čítať

membaca

krieda

kapur

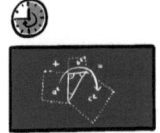

hodina

pelajaran

triedna kniha

daftar

skúška

ujian

certifikát

sertifikat

školská uniforma

seragam sekolah

vzdelanie

pendidikan

encyklopédia

ensiklopedi

univerzita

universitas

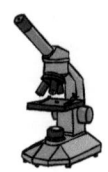

mikroskop

mikroskop

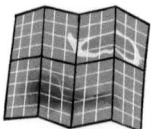

mapa

peta

kôš na papier

tempat sampah

hotel
hotel

Grand

nocľaháreň
hostel

ROOMS

zmenáreň
kantor pertukaran mata uang

EXCHANGE

kufor
koper

auto
mobil

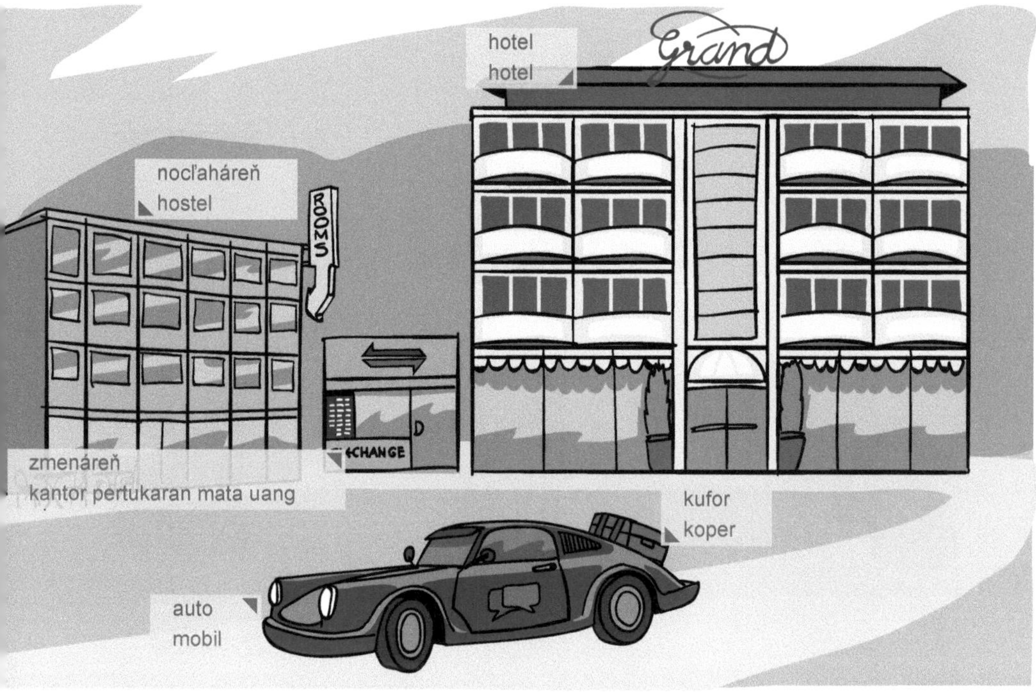

jazyk
bahasa

áno/nie
ya / tidak

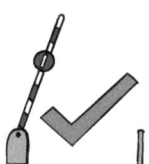

v poriadku
okay

ahoj
hallo

prekladateľ
penerjemah

ďakujem
terima kasih

Koľko stojí ... ?

Berapa harganya…?

Nerozumiem

saya tidak mengerti

problém

masalah

Dobrý večer!

Selamat malam!

Dobré ráno!

Selamat siang!

Dobrú noc!

Selamat tidur!

Dovidenia

sampai jumpa

smer

arah

batožina

bagasi

taška

tas

batoh

ransel

hosť

tamu

izba

ruang

spacák

kantong tidur

stan

tenda

informácie pre turistov

informasi wisata

pláž

pantai

kreditná karta

kartu kredit

raňajky

sarapan

obed

makan siang

večera

makan malam

cestovný lístok

tiket

výťah

elevator

poštová známka

perangko

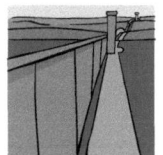

hranica

perbatasan

clo

cukai

veľvyslanectvo

kedutaan

vízum

visa

cestovný pas

paspor

doprava
transportasi

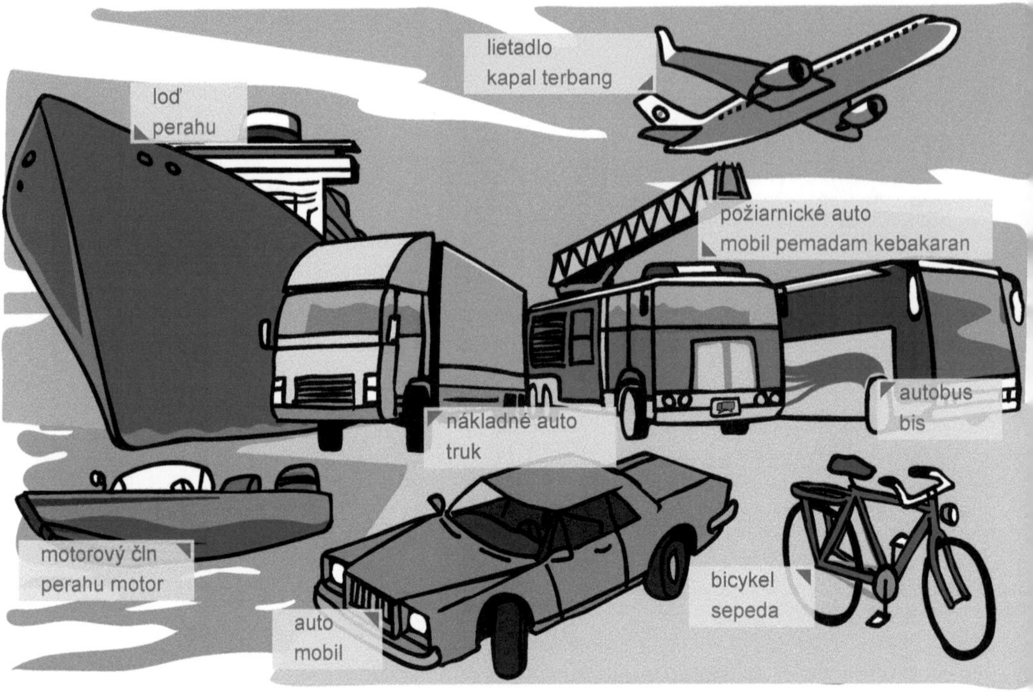
lietadlo
kapal terbang
loď
perahu
požiarnické auto
mobil pemadam kebakaran
autobus
bis
nákladné auto
truk
motorový čln
perahu motor
bicykel
sepeda
auto
mobil

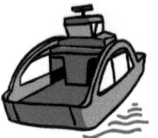

trajekt

feri

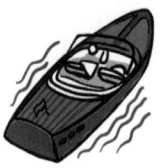

loď

perahu

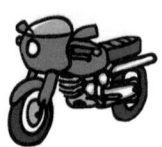

motorka

sepeda motor

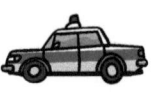

policajné auto

mobil polisi

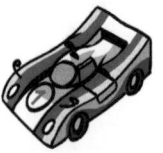

pretekárske auto

mobil balapan

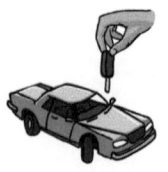

vozidlo z požičovne

mobil sewa

carsharing

berbagi mobil

odťahové auto

truk derek

smetiarske auto

truk sampah

motor

motor

benzín

bahan bakar

čerpacia stanica

bensin

dopravná značka

tanda lalulintas

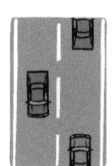

premávka

lalulintas

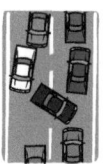

zápcha

macet

parkovisko

parkir mobil

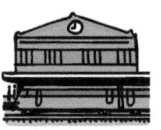

vlaková stanica

stasiun kereta

trate

trek

vlak

kereta api

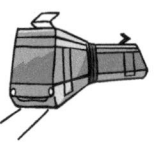

električka

tram

vagón

gerobak

helikoptéra
helikopter

letisko
bendara

veža
menara

pasažier
penumpang

kontajner
container

kartón
karton

vozík
troli

kôš
keranjang

štartovať / pristáť
berangkat / mendarat

mesto
kota

dedina
desa

centrum mesta
pusat kota

dom
rumah

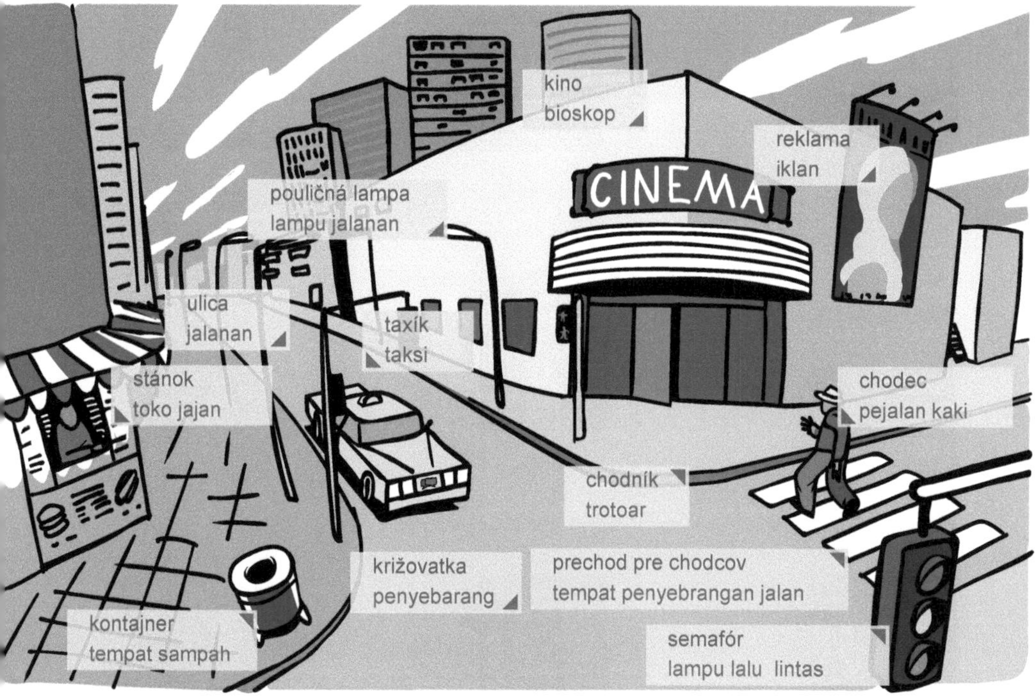

kino
bioskop

reklama
iklan

pouličná lampa
lampu jalanan

CINEMA

ulica
jalanan

taxík
taksi

stánok
toko jajan

chodec
pejalan kaki

chodník
trotoar

križovatka
penyebarang

prechod pre chodcov
tempat penyebrangan jalan

kontajner
tempat sampah

semafór
lampu lalu lintas

chata

gubuk

byt

rumah flat

vlaková stanica

stasiun kereta

radnica

balai kota

múzeum

museum

škola

sekolah

univerzita

universitas

banka

bank

nemocnica

rumah sakit

hotel

hotel

lekáreň

farmasi

kancelária

kantor

kníhkupectvo

toko buku

obchod

toko

kvetinárstvo

toko bunga

supermarket

supermarket

trh

pasar

obchodný dom

toko serba ada

obchodník s rybami

nelayan

nákupné stredisko

pusat belanja

prístav

pelabuhan

park

taman

lavička

banku

most

jembatan

schody

tangga

metro

kereta bawah tanah

tunel

terowongan

autobusová zastávka

pemberhantian bis

bar

bar

reštaurácia

restauran

poštová schránka

kotak surat

tabuľa s názvom ulice

tanda jalan

parkovacie hodiny

meteran parkir

ZOO

kebun binatang

plaváreň

kolam renang

mešita

mesjid

farma

pertanian

znečisťovanie životného prostredia

polusi

cintorín

kuburan

kostol

gereja

ihrisko

tempat bermain

chrám

pura

terén
pemandangan

list
daun

smerová tabuľa
penunjuk arah

cesta
jalanan

lúka
padang rumput

kameň
batu

strom
pohon

turista
pejalak kaki

rieka
sungai

tráva
rumput

kvet
bunga

dolina

lembah

kopec

bukit

jazero

danau

les

hutan

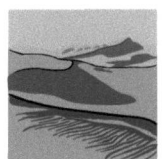

púšť

padang gurun

vulkán

gunung berapi

zámok

istana

dúha

pelangi

hríb

jamur

palma

pohon palem

komár

nyamuk

mucha

lalat

mravec

semut

včela

lebah

pavúk

laba-laba

chrobák

kumbang

žaba

kodok

veverička

tupai

jež

landak

zajac

kelinci

sova

burung hantu

vták

burung

labuť

angsa

diviak

babi jantan

jeleň

rusa

los

rusa

hrádza

bendungan

veterná turbína

turbin angin

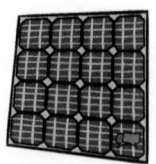

solárny panel

panel surya

podnebie

iklim

reštaurácia
restauran

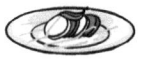

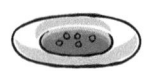

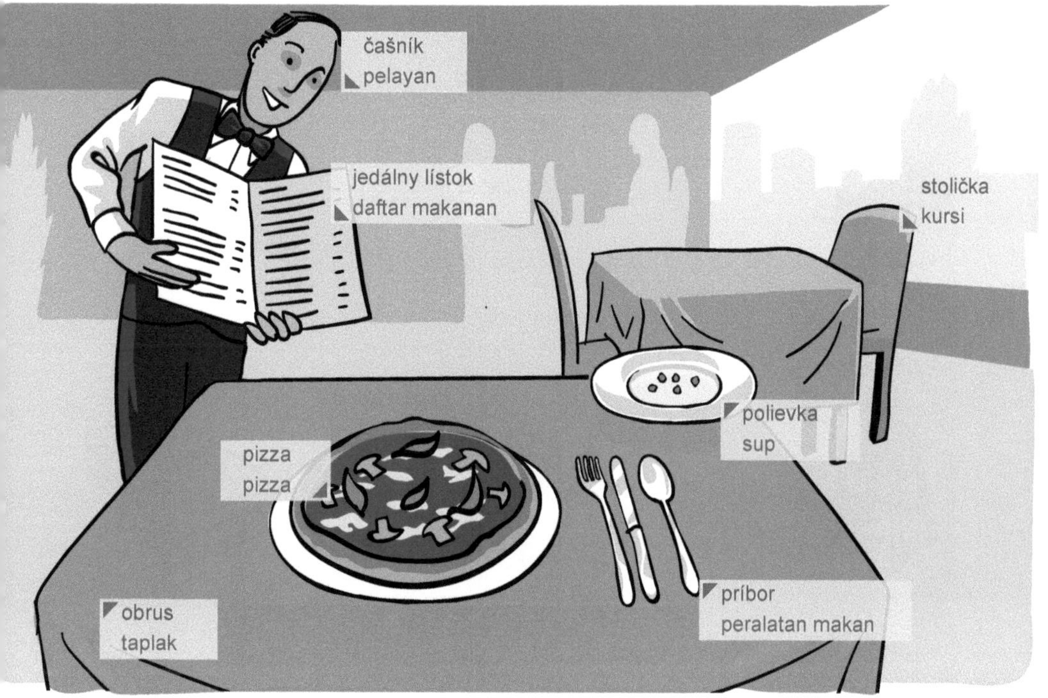

čašník
pelayan
jedálny lístok
daftar makanan
stolička
kursi
polievka
sup
pizza
pizza
obrus
taplak
príbor
peralatan makan

predjedlo

hindangan pembuka

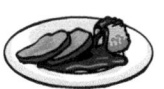

hlavné jedlo

hidangan utama

zákusok

hidangan penutup

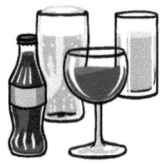

nápoje

minuman

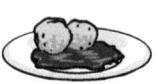

jedlo

makanan

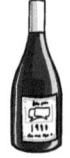

fľaša

botol

fast-food

fastfood

street food

masakan jalanan

kanvica na čaj

teko teh

cukornička

kaleng gula

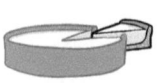

porcia

porsi

stroj na espresso

mesin espresso

detská stolička

kursi tinggi

účet

tagihan

podnos

baki

nôž

pisau

vidlička

garpu

lyžica

sendok

čajová lyžička

sendok teh

obrúsok

serbet

pohár

gelas

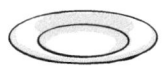

tanier
piring

hlboký tanier
piring sup

podšálka
lepek

omáčka
saus

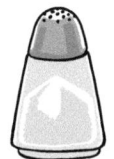

soľnička
tempat garam

mlynček na korenie
gilingan merica

ocot
cuka

olej
minyak

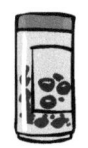

korenie
bumbu

kečup
saus tomat

horčica
mustar

majonéza
mayones

supermarket
supermarket

špeciálna ponuka
penawaran khusus
FOR
klient
klien
mliečne výrobky
produk susu
ovocie
buah
nákupný vozík
troli

BUTCHERS

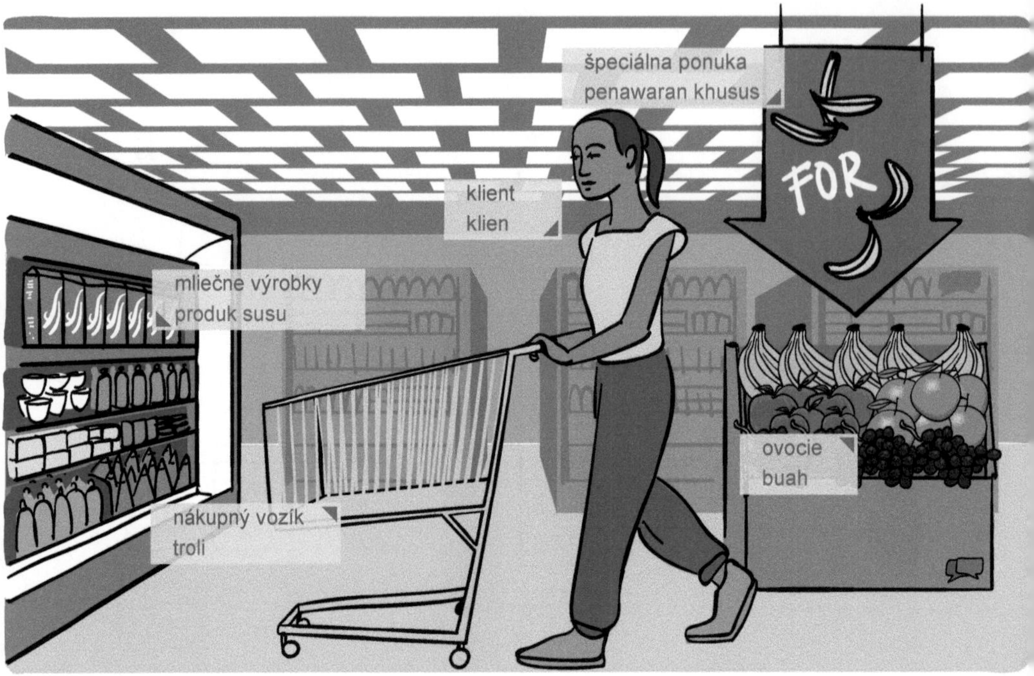

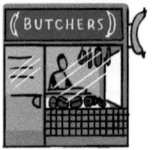

mäsiarstvo

pembantai

BAKERY

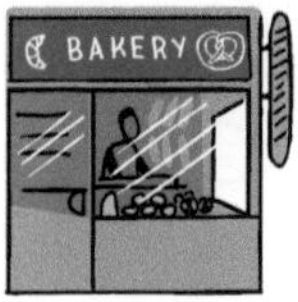

pekáreň

toko roti

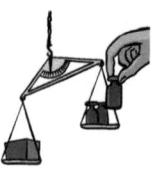

vážiť

menimbang

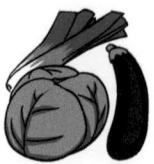

zelenina

sayur

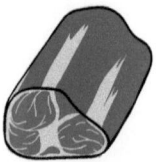

mäso

daging

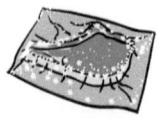

mrazené potraviny

makanan beku

nárez

pemotongan dingin

konzervy

makanan kaleng

prací prostriedok

sabun serbuk

sladkosti

permen

domáce potreby

alat-alat rumah tangga

čistiace prostriedky

obat pembersihan

predavačka

penjual

pokladňa

kasa

pokladník

kasir

nákupný zoznam

daftar belanja

otváracie hodiny

jam buka

peňaženka

dompet

kreditná karta

kartu kredit

taška

tas

plastové vrecko

kantong plastik

voda

air

džús

jus

mlieko

susu

kola

cola

víno

anggur

pivo

bir

alkohol

alkohol

kakao

coklat

čaj

teh

káva

kopi

espresso

espresso

kapučíno

cappucino

banán

pisang

jablko

apel

pomaranč

jeruk

melón

semangka

citrón

jeruk lemon

mrkva

wortel

cesnak

bawang putih

bambus

bambu

cibuľa

bawang bombai

hríb

jamur

orechy

kacang

rezance

mi

špagety

spagetti

ryža

nasi

šalát

salat

hranolky

kentang goreng

pečené zemiaky

kentang goreng

pizza

pizza

hamburger

hamburger

obložený chlebík

sandwich

rezeň

sayatan

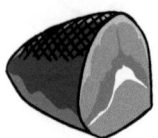

šunka

ham

saláma

salami

klobása

sosis

kurča

ayam

pečené mäso

menggoreng

ryba

ikan

ovsené vločky

bubur gandum

müsli

sereal

kukuričné lupienky

cornflakes

múka

tepung

croissant

croissant

pečivo

roti

chlieb

roti

hrianka

toast

sušienky

biskuit

maslo

mentega

tvaroh

dadih

koláč

kue

vajce

telur

volské oko

telur goreng

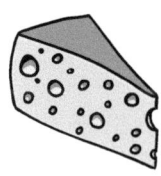

syr

keju

zmrzlina

eskrim

cukor

gula

med

madu

lekvár

selai

nugátová nátierka

krim nugat

karí korenie

kare

jedlo - makanan

farma
pertanian

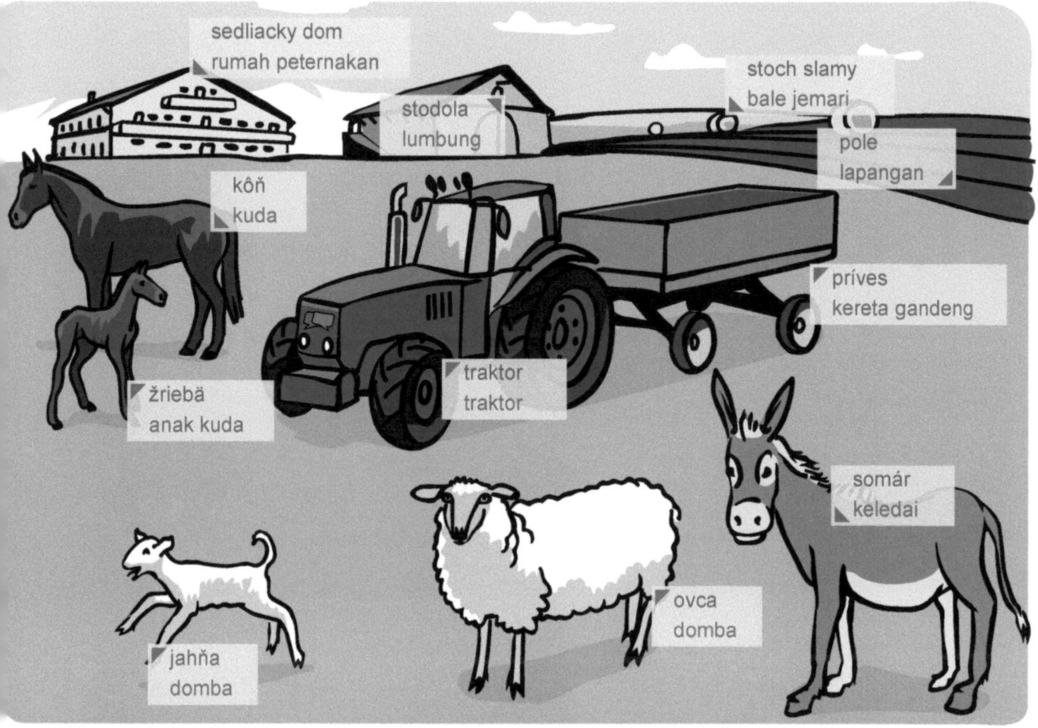
sedliacky dom
rumah peternakan
stodola
lumbung
stoch slamy
bale jemari
pole
lapangan
kôň
kuda
príves
kereta gandeng
žriebä
anak kuda
traktor
traktor
somár
keledai
ovca
domba
jahňa
domba

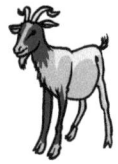

koza

kambing

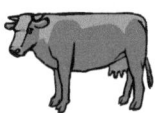

krava

sapi

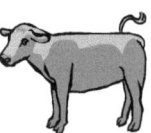

teľa

betis

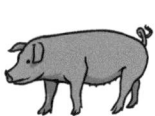

prasa

babi

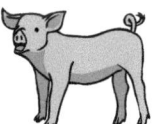

prasiatko

celeng

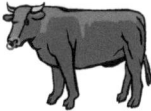

býk

banteng

hus
....
angsa

kačica
....
bebek

kuriatko
....
anak ayam

sliepka
....
ayam

kohút
....
ayam jantan

potkan
....
tikus

mačka
....
kucing

myš
....
tikus

vôl
....
lembu

pes
....
anjing

psia búda
....
rumah anjing

záhradná hadica
....
selang

krhla
....
penyiram

kosa
....
sabit

pluh
....
bajak

kosák

sabit

motyka

cangkul

vidly na hnoj

garpu rumput

sekera

kapak

fúrik

gerobak

koryto

palung

kanva na mlieko

kaleng susu

vrece

karung

plot

pagar

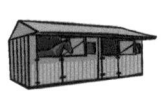

maštaľ

kandang

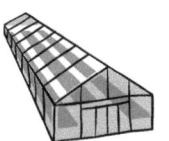

skleník

rumah kaca

pôda

tanah

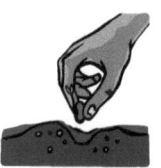

osivo

benih

hnojivo

pupuk

kombajn

mesin pemanen

žať
....
panen

žatva
....
panen

batát
....
yams

pšenica
....
gandum

sója
....
kedelai

zemiak
....
kentang

kukurica
....
jagung

repka
....
lobak

ovocný strom
....
pohon buah

maniok
....
singkong

obilie
....
sereal

dom
rumah

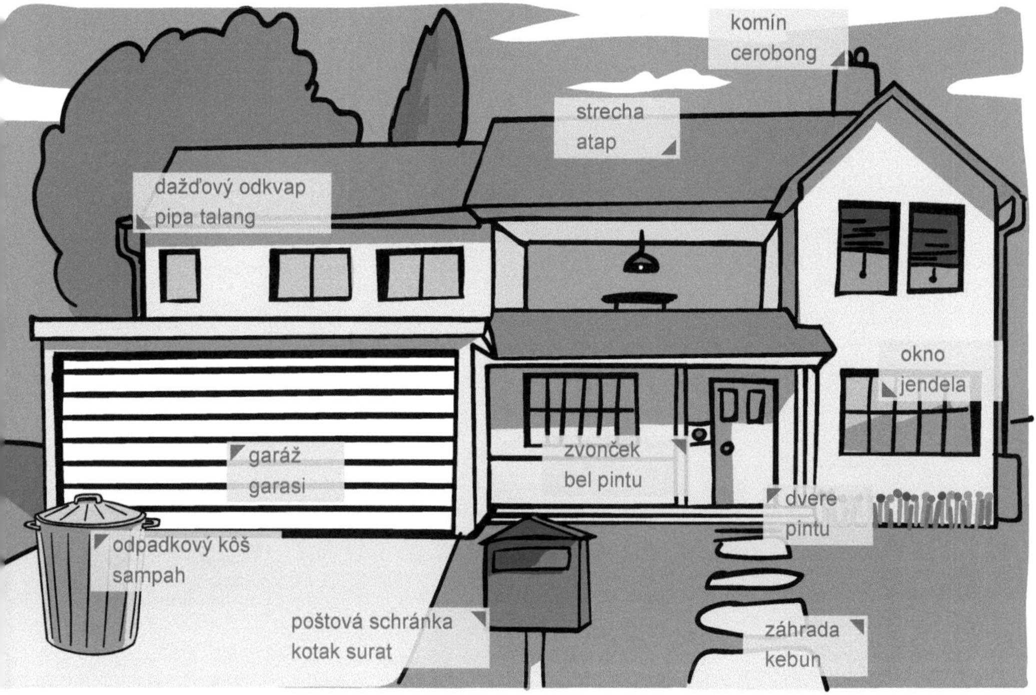
komín
cerobong
strecha
atap
dažďový odkvap
pipa talang
okno
jendela
zvonček
bel pintu
garáž
garasi
dvere
pintu
odpadkový kôš
sampah
poštová schránka
kotak surat
záhrada
kebun

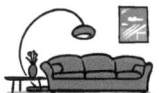

obývačka

ruang tamu

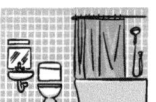

kúpeľňa

kamar mandi

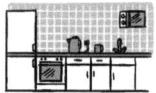

kuchyňa

dapur

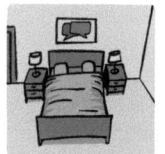

spálňa

kamar tidur

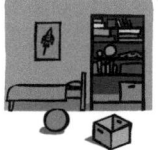

detská izba

kamar anak

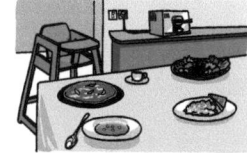

jedáleň

kamar makan

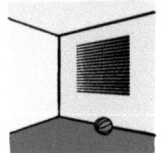

podlaha
lantai

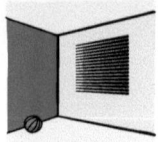

stena
tembok

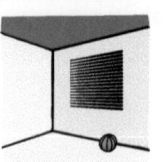

strop
atap

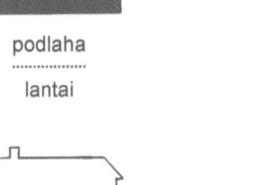

pivnica
gudang di bawah tanah

sauna
sauna

balkón
balkon

terasa
teras

bazén
kolam renang

kosačka
mesin pemotong rumput

obliečka
sprei

posteľná prikrývka
selimut

posteľ
tempat tidur

metla
sapu

vedro
ember

vypínač
tombol

obývačka

ruang tamu

tapeta
kertas dinding
obraz
gambar
lampa
lampu
regál
rak
skriňa
kabinet
televízor
televisi
kozub
perapian
kvet
bunga
vankúš
bantal
pohovka
sofa
váza
vas
diaľkové ovládanie
remote control

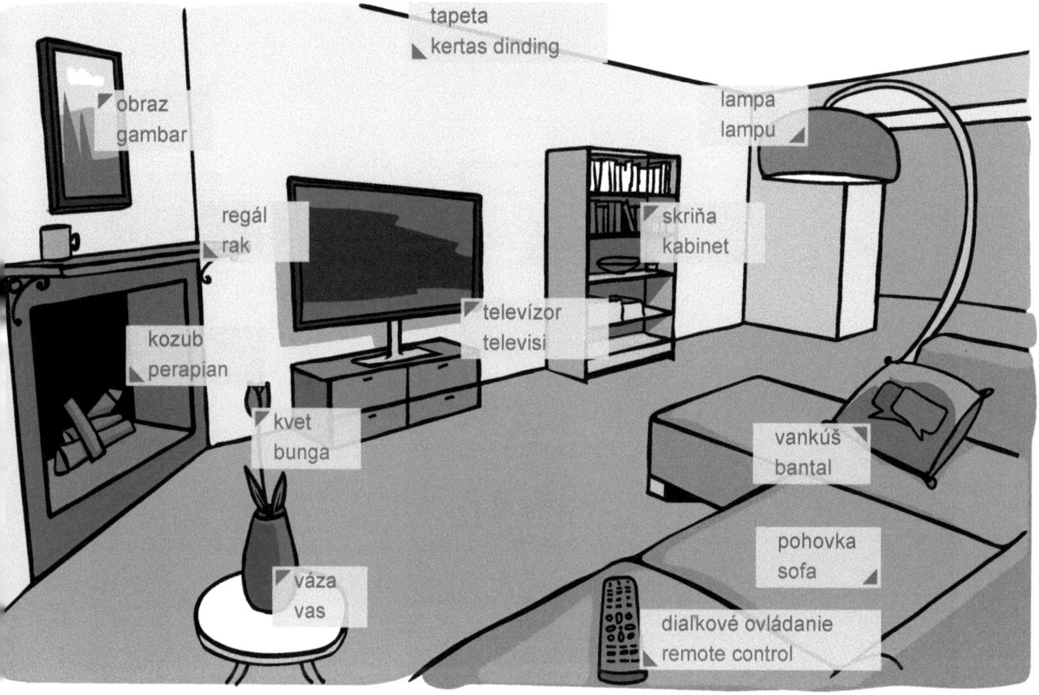

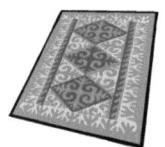

koberec

karpet

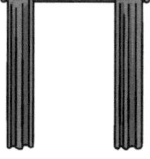

záclona

korden

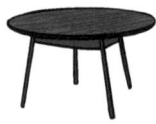

stôl

meja

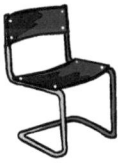

stolička

kursi

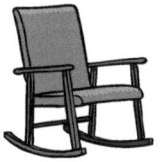

hojdacie kreslo

kursi goyang

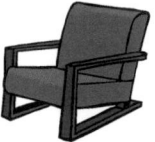

kreslo

kursi malas

kniha

buku

prikrývka

selimut

dekorácia

dekorasi

drevo na kúrenie

kayu bakar

film

filem

hi-fi veža

hi-fi

kľúč

kunci

noviny

koran

maľba

lukisan

plagát

poster

rádio

radio

zápisník

buku tulis

vysávač

penyedot debu

kaktus

kaktus

sviečka

lilin

kuchyňa
dapur

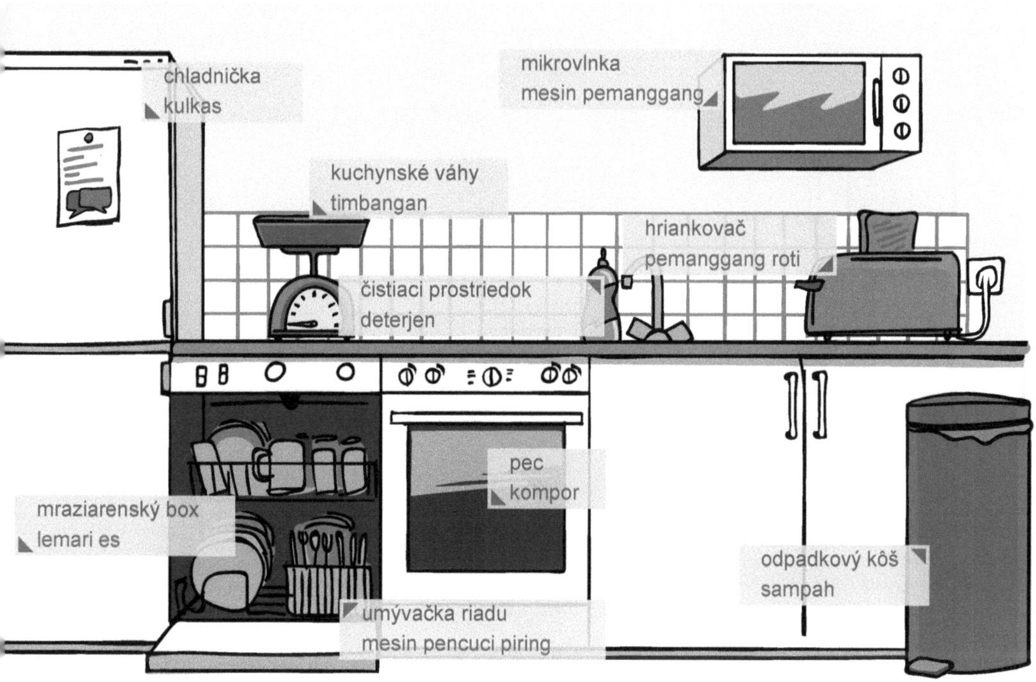
chladnička
kulkas
mikrovlnka
mesin pemanggang
kuchynské váhy
timbangan
hriankovač
pemanggang roti
čistiaci prostriedok
deterjen
pec
kompor
mraziarenský box
lemari es
odpadkový kôš
sampah
umývačka riadu
mesin pencuci piring

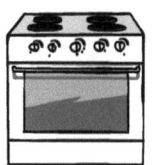

sporák
kompor

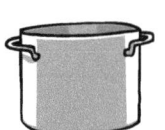

hrniec
panci

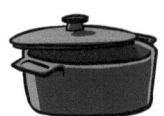

železný hrniec
panci besi

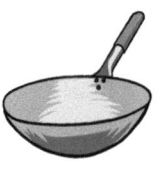

wok / kadai
wajan

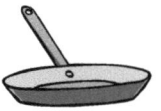

panvica
panci

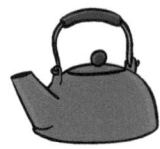

rýchlovarná kanvica
pemanas air

parný hrniec

panci pengukus makanan

plech na pečenie

nampan

riad

piring

pohár

cangkir

misa

mangkok

paličky

sumpit

naberačka na polievku

sendok sup

stierka

sudip

metlička

mengocok

cedidlo

saringan

sitko

saringan

strúhadlo

parutan

mažiar

mortir

gril

barbeque

ohnisko

api terbuka

doska na krájanie

papan memotong

valček na cesto

gilingan

vývrtka

alat pembuka botol

konzerva

kaleng

otvárač na konzervy

pembuka kaleng

chňapka

pegangan panci

výlevka

wastafel

kefa

sikat

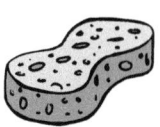

hubka

busa

mixér

mesin pencampur

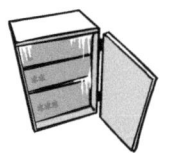

mraznička

lemari es

kojenecká fľaša

botol bayi

vodovodný kohútik

keran

kuchyňa - dapur

kúpeľňa
kamar mandi

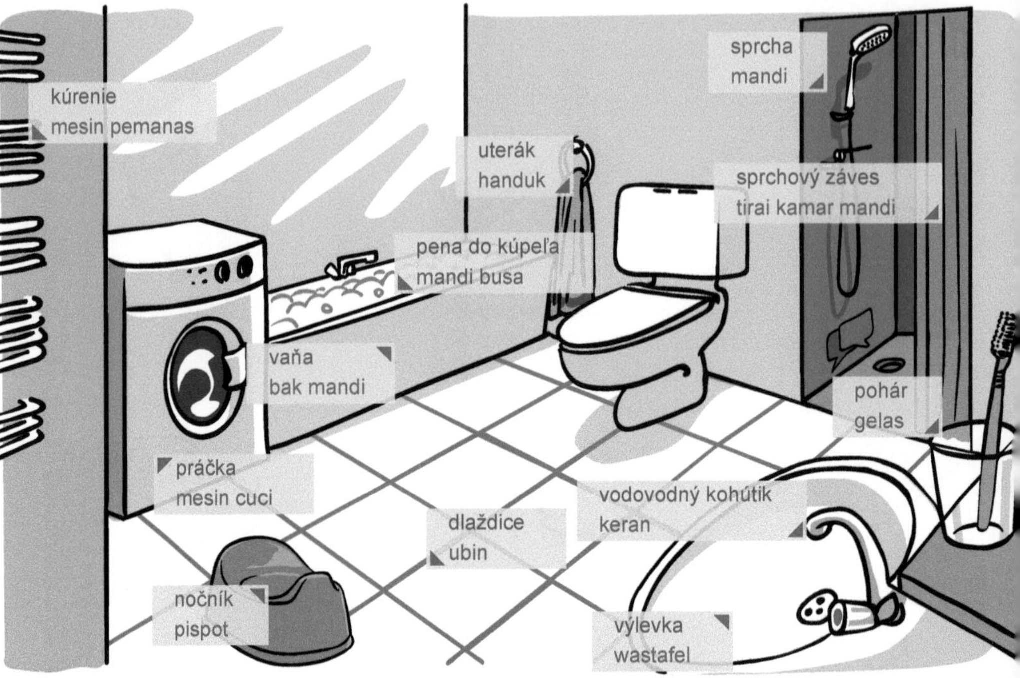

kúrenie
mesin pemanas

sprcha
mandi

uterák
handuk

sprchový záves
tirai kamar mandi

pena do kúpeľa
mandi busa

vaňa
bak mandi

pohár
gelas

práčka
mesin cuci

vodovodný kohútik
keran

dlaždice
ubin

nočník
pispot

výlevka
wastafel

záchod

toilet

suchý záchod

toilet jongkok

bidet

bidet

pisoár

pissoir

toaletný papier

kertas toilet

záchodová kefa

sikat toilet

zubná kefka

sikat gigi

zubná pasta

pasta gigi

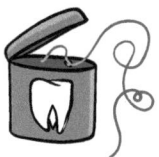

dentálna niť

benang gigi

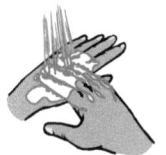

umývať

menyuci

ručná sprcha

pancuran tangan

sprcha pre intímnu hygienu

pancuran

umývadlo

bak

kefa na chrbát

sikat punggung

mydlo

sabun

sprchový gél

gel mandi

šampón

sampo

frotírová rukavica

planel

odtok

kuras

krém

krim

dezodorant

deodoran

zrkadlo
kaca

kozmetické zrkadlo
cermin tangan

žiletka
pisau cukur

pena na holenie
busa cukur

voda po holení
aftershave

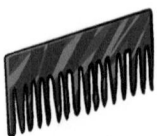

hrebeň
sisir

kefa
sikat

sušič vlasov
alat pengering rambut

sprej na vlasy
semprot rambut

make-up
makeup

rúž
lipstik

lak na nechty
cat kuku

vata
kapas

nožnice na nechty
gunting kuku

parfum
minyak wangi

kozmetická taška

kantong pencuci

stolček

bangku

váha

timbangan

kúpací plášť

mantel mandi

gumové rukavice

sarung tangan karet

tampón

tampon

menštruačná vložka

handuk pembalut

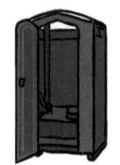

chemické WC

toilet kimia

detská izba
kamar anak

budík
jam alarm
plyšová hračka
boneka tidur
hračkárske auto
mobil-mobilan
hrkálka
kelintung
domček pre bábiky
rumah boneka
dar
kado

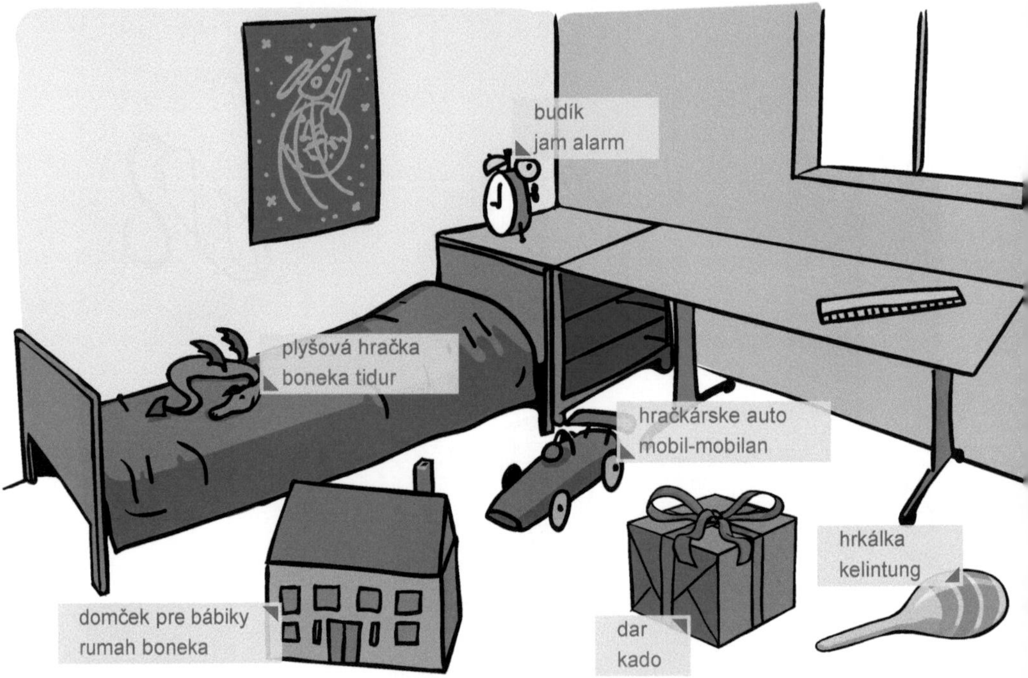

balón

balon

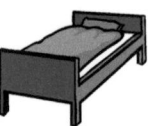

posteľ

tempat tidur

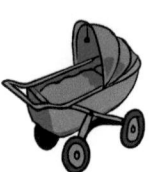

detský kočík

kereta bayi

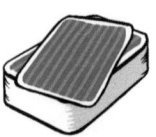

karty

mainan kartu

puzzle

teka-teki

SUPER MEGA

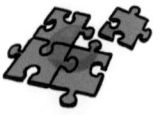

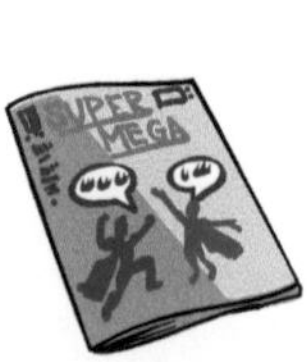

komix

komik

skladačka lego

mainan lego

stavebnica

blok mainan

akčná postavička

figur aksi

dupačky

baju monyet

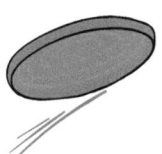

lietajúci tanier

frisbee

závesné hračky

mobile

stolová hra

permainan papan

kocka

dadu

modelový vláčik

set model kreta api

cumlík

dot

párty

pesta

obrázková kniha

buku gambar

lopta

bola

bábika

boneka

hrať sa

bermain

pieskovisko

tempat main pasir

hojdačka

ayunan

hračky

mainan

hracia konzola

video game konsol

trojkolka

sepeda roda tiga

medvedík

teddy

šatník

lemari pakaian

šatstvo

pakaian

ponožky

kaos kaki

pančuchy

kaos kaki

pančuchové nohavičky

baju ketat

šál
syal

dáždnik
payung

tričko
kaos

opasok
sabuk

čižmy
sepatu bot

papuče
sandal

tenisky
sepatu

sandále
sandal

topánky
sepatu

gumáky
sepatu bot karet

spodky
celana dalam

podprsenka
BH

tielko
baju rompi

body

body

nohavice

celana

džínsy

jeans

sukňa

rok

blúzka

blus

košeľa

kemeja

pulóver

aket berkerudung

sveter

sweater

blejzer

jaket

bunda

jaket

kabát

mantel

pršiplášť

jas hujan

kostým

kostum

šaty

gaun

svadobné šaty

gaun pengantin

oblek

setelan resmi

nočná košeľa

gaun tidur

pyžamo

piyama

sari

sari

šatka na hlavu

jilbab

turban

turban

burka

burka

kaftan

kaftan

abaja

abaya

dvojdielne plavky

pakaian renang

plavky

celana renang

šortky

celana pendek

teplákova súprava

olah raga

zástera

celemek

rukavice

sarung tangan

gombík
....
kancing

okuliare
....
kacamata

náramok
....
gelang

retiazka
....
kalung

prsteň
....
cincin

náušnica
....
anting

čiapka
....
topi

vešiak
....
gantungan mantel

klobúk
....
topi

kravata
....
dasi

zips
....
ritsleting

prilba
....
helm

traky
....
tali selempang

školská uniforma
....
seragam sekolah

uniforma
....
seragam

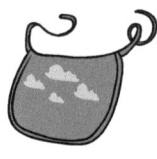

podbradník

oto

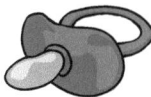

cumlík

dot

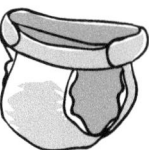

plienka

popok

kancelária
kantor

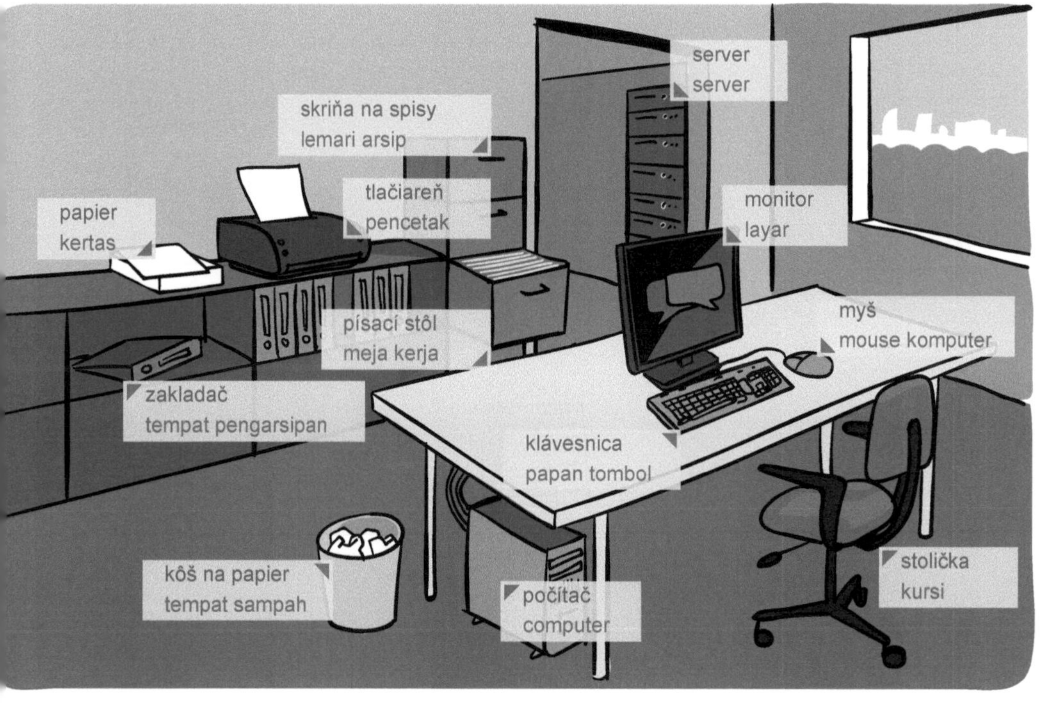

server
server
skriňa na spisy
lemari arsip
tlačiareň
pencetak
papier
kertas
monitor
layar
myš
mouse komputer
písací stôl
meja kerja
zakladač
tempat pengarsipan
klávesnica
papan tombol
kôš na papier
tempat sampah
počítač
computer
stolička
kursi

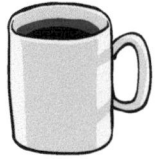

hrnček na kávu

cangkir kopi

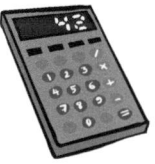

kalkulačka

kalkulator

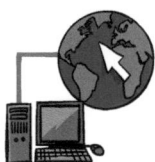

internet

internet

laptop

laptop

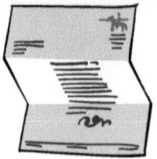

list

surat

správa

pesan

mobil

telepon seluler

sieť

jaringan

kopírka

fotokopi

softvér

software

telefón

telepon

elektrická zásuvka

plug soket

fax

mesin fax

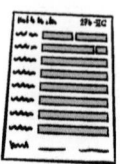

formulár

formulir

doklad

dokumen

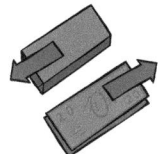

kúpiť
....
membeli

platiť
....
membayar

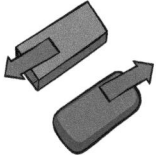

obchodovať
....
berdagang

peniaze
....
uang

dolár
....
Dollar

euro
....
Euro

jen
....
Yen

rubeľ
....
Rubel

švajčiarsky frank
....
Franc Swiss

čínsky jüan
....
Renminbi Yuan

rupia
....
Rupiah

bankomat
....
ATM

zmenáreň

kantor pertukaran mata uang

zlato

emas

striebro

perak

ropa

minyak

energia

energi

cena

harga

zmluva

kontrak

daň

pajak

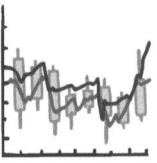

akcia

saham

pracovať

bekerja

zamestnanec

karyawan

zamestnávateľ

majikan

továreň

pabrik

obchod

toko

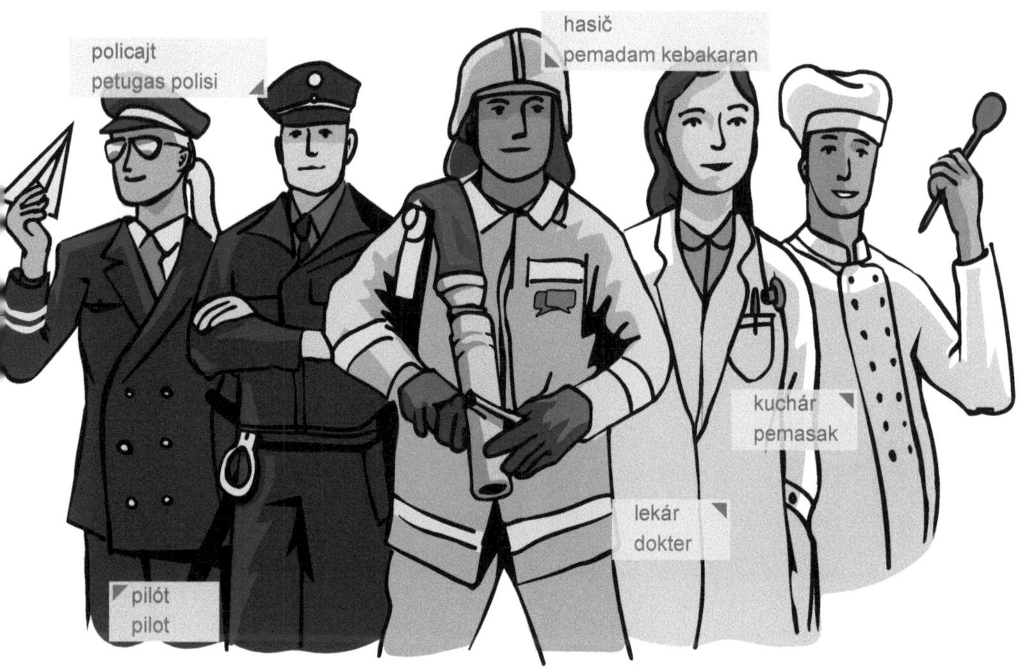

policajt
petugas polisi

hasič
pemadam kebakaran

kuchár
pemasak

lekár
dokter

pilót
pilot

záhradník	stolár	krajčírka
tukan kebun	tukang kayu	penjahit wanita

sudca	chemik	herec
hakim	ahli kimia	aktor

vodič autobusu

sopir bis

taxikár

sopir taksi

rybár

nelayan

upratovačka

pembantu

pokrývač

tukang atap

čašník

pelayan

poľovník

pemburu

maliar

pelukis

pekár

tukang roti

elektrikár

tukang listrik

stavebný robotník

pembangun

inžinier

insinyur

mäsiar

tukang daging

klampiar

tukang ledeng

poštár

tukang pos

vojak

tentara

architekt

arsitek

pokladník

kasir

kvetinár

penjual bunga

kaderník

penata rambut

sprievodca

konduktor

mechanik

montir

kapitán

kapten

zubár

dokter gigi

vedec

ilmuwan

rabín

rabbi

imám

imam

mních

biarawan

farár

pendeta

náradie
alat

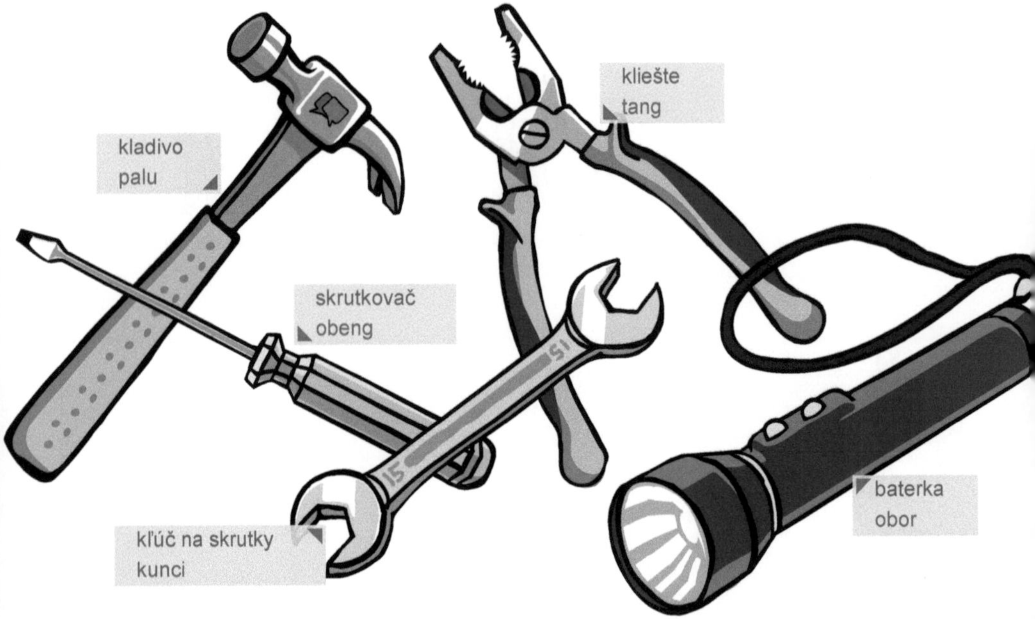
kladivo
palu
kliešte
tang
skrutkovač
obeng
kľúč na skrutky
kunci
baterka
obor

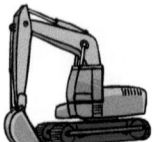

bager

penggali

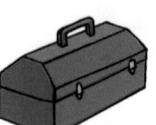

súprava náradia

tas perkakas

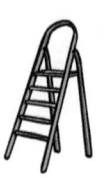

rebrík

tangga

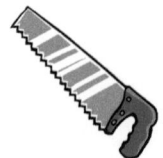

pílka

gergaji

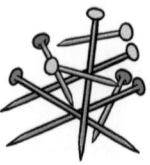

klince

paku

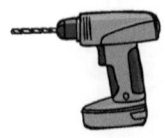

vrták

bor

opraviť
perbaikan

lopata
sekop

Do čerta!
Sialan!

lopatka na smeti
cikrak

nádoba s farbou
pot cat

skrutky
sekrup

hudobné nástroje
alat musik

bicie
alat drum

reproduktor
pengeras suara

kontrabas
bas

trúbka
trompet

gitara
gitar

klavír

piano

husle

violin

basa

bass

tympany

tambur

bubon

drum

klávesnica

keyboard

saxofón

saksofon

flauta

suling

mikrofón

mikrofon

ZOO
kebun binatang

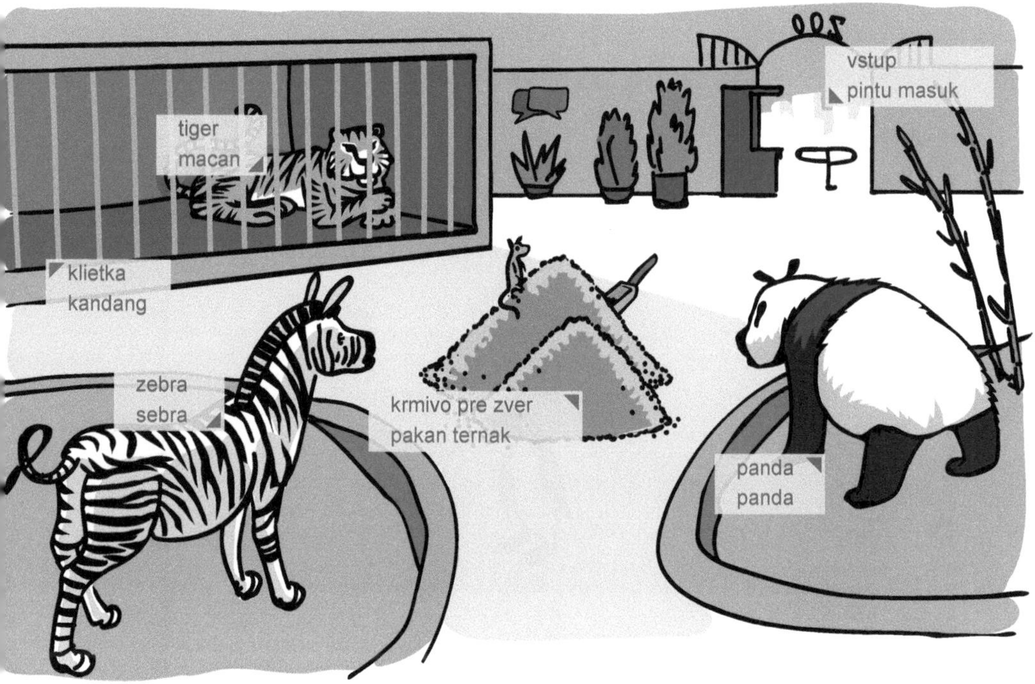

vstup
pintu masuk
tiger
macan
klietka
kandang
zebra
sebra
krmivo pre zver
pakan ternak
panda
panda

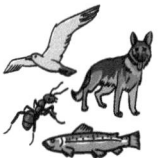

zvieratá

hewan

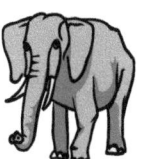

slon

gajah

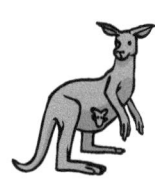

klokan

kanguru

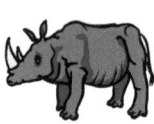

nosorožec

badak

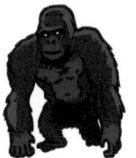

gorila

gorila

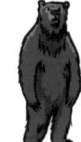

medveď

beruang

ťava
unta

pštros
burung unta

lev
singa

opica
monyet

plameniak
flamingo

papagáj
burung beo

ľadový medveď
beruang polar

tučniak
penguin

žralok
hiu

páv
merak

had
ular

krokodíl
buaya

ošetrovateľ v ZOO
penjaga kebun binatang

tuleň
segel

jaguár
jaguar

poník

kuda poni

leopard

macan tutul

hroch

kuda nil

žirafa

jerapah

orol

burung elang

diviak

babi jantan

ryba

ikan

korytnačka

kura-kura

mrož

anjing laut

líška

rubah

gazela

kijang

americký futbal
american football

cyklistika
naik sepeda

tenis
tennis

basketbal
basketbal

plávanie
bernang

hokej
hoki es

box
tinju

futbal
sepak bola

bedminton
badminton

ľahká atletika
atletik

hádzaná
bola tangan

lyžovanie
main ski

pólo
polo

aktivity
aktivitas

smiať sa
ketawa
skočiť
meloncat
objať
memeluk
chodiť
berjalan
spievať
menyanyi
snívať
mengimpi
modliť sa
berdoa
pobozkať
mencium

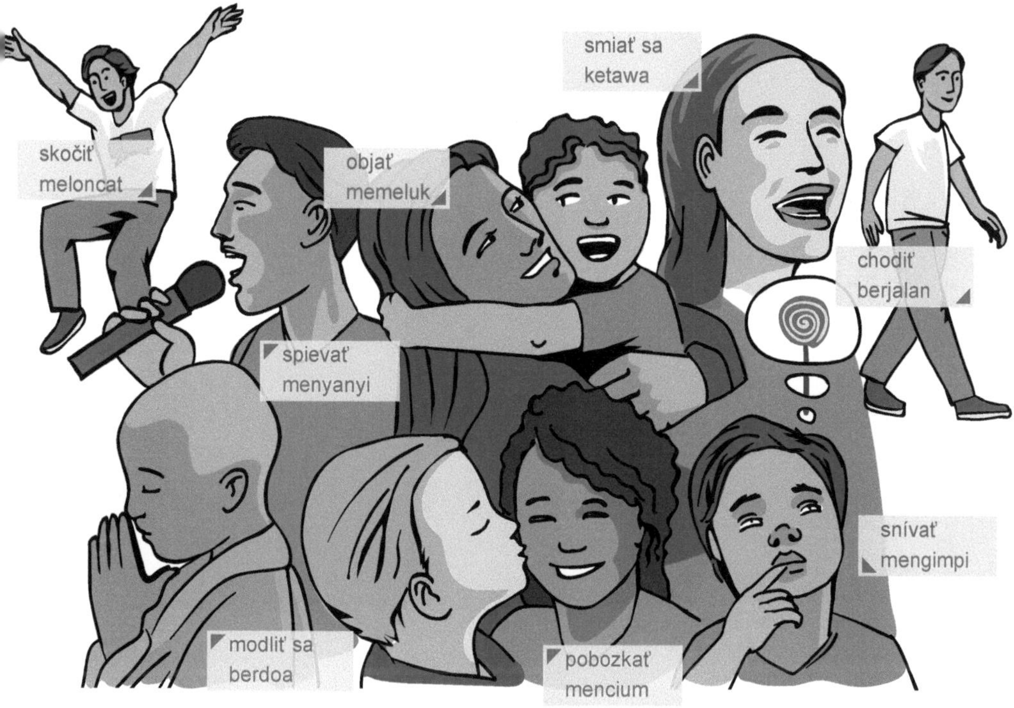

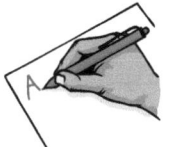

písať
menulis

kresliť
melukis

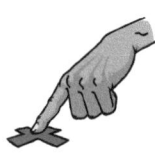

ukázať
menunjuk

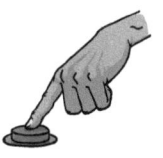

tlačiť
mendorong

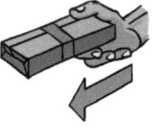

dať
memberikan

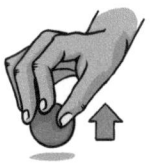

brať
mengambil

mať
mempunyai

robiť
melakukan

byť
adalah

stáť
berdiri

bežať
berlari

ťahať
menarik

hádzať
melempar

padnúť
jatuh

ležať
tidur

čakať
menunggu

nosiť
membawa

sedieť
duduk

obliecť sa
berpakaian

spať
tidur

zobudiť sa
bangun

pozerať

melihat

plakať

menangis

hladkať

mengelus

česať

menyisir

hovoriť

berbicara

rozumieť

mengerti

pýtať sa

menanyak

počuť

mendengar

piť

minum

jesť

makan

upratať

merapikan

milovať

cinta

variť

memasak

jazdiť

menyetir

letieť

terbang

plachtiť

berlayar

počítať

menghitung

čítať

membaca

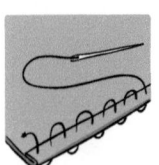

učiť sa

belajar

pracovať

bekerja

oženiť

menikah

šiť

menjahit

čistiť zuby

sikat gigi

zabiť

membunuh

fajčiť

merokok

poslať

kirim

stará mama
nenek

starý otec
kakek

otec
bapak

mama
ibu

bábo
bayi

dcéra
putri

syn
putra

hosť
....
tamu

teta
....
bibi

strýko
....
paman

brat
....
kakak laki

sestra
....
kakak perempuan

telo

badan

čelo
dahi
oko
mata
plece
bahu
prst
jari
tvár
muka
brada
dagu
ruka
tangan
noha
kaki
hruď
payudara
rameno
lengan

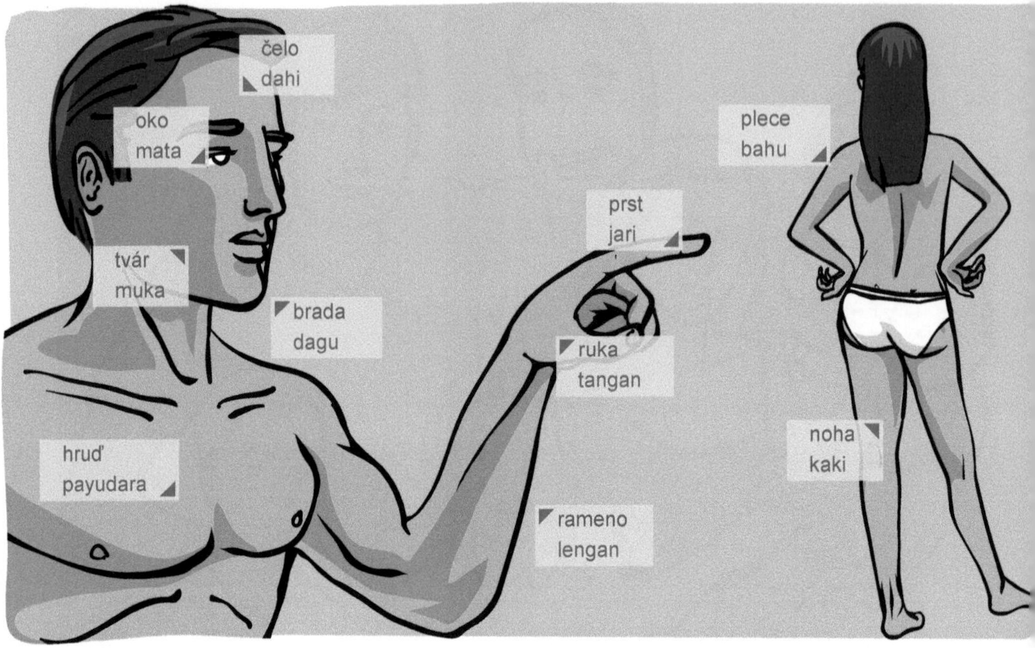

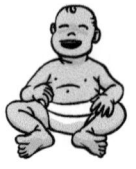

bábo
bayi

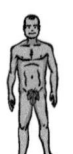

muž
pria

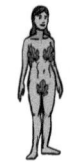

žena
wanita

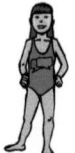

dievča
perempuan

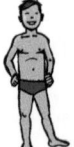

chlapec
laki

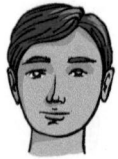

hlava
kepala

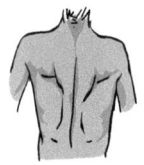

chrbát

punggung

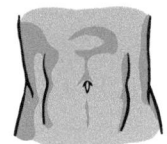

brucho

perut

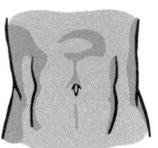

pupok

pusar

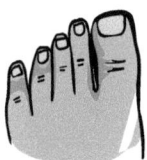

prst na nohe

toe

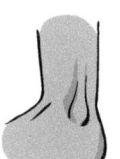

päta

tumit

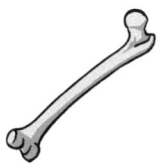

kosť

tulang

bok

pinggang

koleno

lutut

lakeť

siku

nos

hidung

zadok

pantat

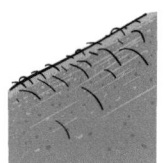

koža

kulit

líce

pipi

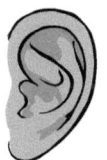

ucho

telinga

pery

bibir

ústa

mulut

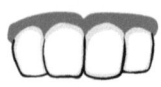

zub

gigi

jazyk

lidah

mozog

otak

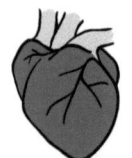

srdce

jantung

svaly

otot

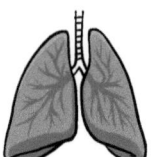

pľúca

paru-paru

pečeň

hati

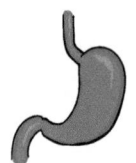

žalúdok

stomach

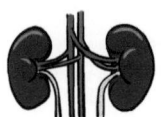

obličky

ginjal

pohlavný styk

hubungan seks

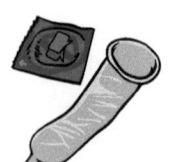

kondóm

kondom

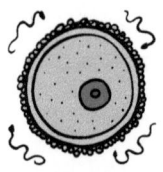

vaječná bunka

sel telur

semeno

sperma

tehotenstvo

kehamilan

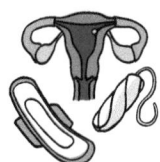

menštruácia
menstruasi

vagína
vagina

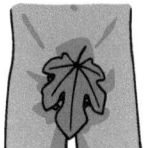

penis
penis

obočie
alis

vlasy
rambut

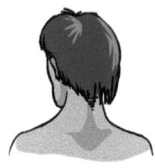

krk
leher

nemocnica
rumah sakit

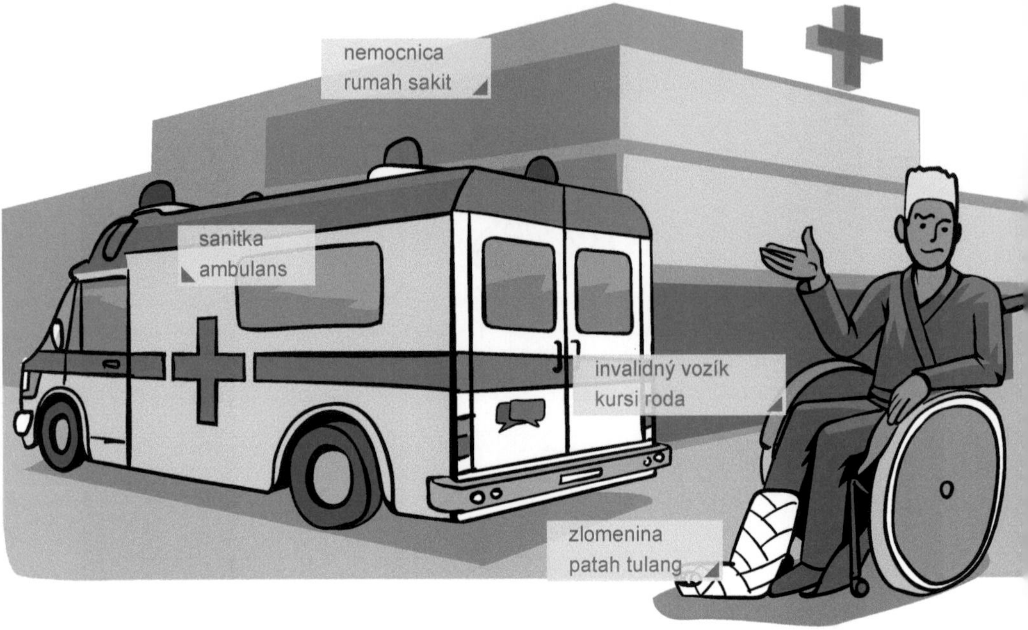

nemocnica
rumah sakit
sanitka
ambulans
invalidný vozík
kursi roda
zlomenina
patah tulang

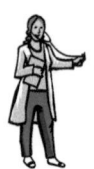

lekár

dokter

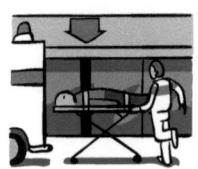

urgentný príjem

ruang darurat

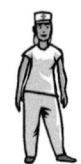

sestrička

perawat

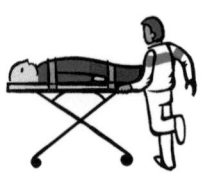

urgentný prípad

darurat

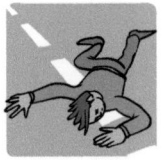

v bezvedomí

semaput

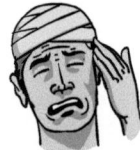

bolesť

sakit

zranenie

cedera

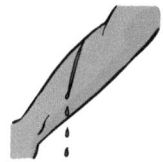

krvácanie

perdarahan

srdcový infarkt

serangan jantung

mozgová porážka

stroke

alergia

alergi

kašeľ

batuk

teplota

demam

chrípka

flu

hnačka

diare

bolesť hlavy

sakit kepala

rakovina

kanker

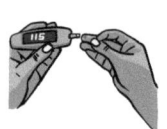

cukrovka

diabetes

chirurg

ahli bedah

skalpel

pisau bedah

operácia

operasi

CT
CT

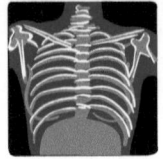

RTG
sinar x

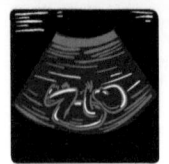

ultrazvuk
usg

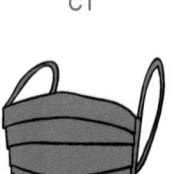

maska
topeng

choroba
penyakit

čakáreň
ruang tunggu

barla
penyokong

náplasť
plester

obväz
perban

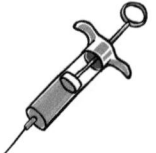

injekcia
injeksi

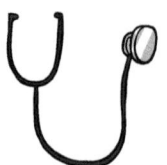

fonendoskop
stetoskop

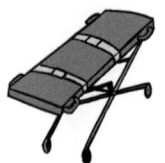

nosidlá
usungan

teplomer
termometer klinis

pôrod
kelahiran

nadváha
kelebihan berat badan

audiofón

alat pendengar

dezinfekčný prostriedok

desinfektan

infekcia

infeksi

vírus

virus

HIV / AIDS

HIV / AIDS

medicína

obat

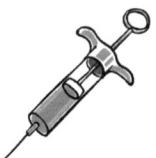

očkovanie

vaksinasi

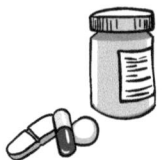

tabletky

tablet

antikoncepčná pilulka

pil

tiesňové volanie

panggilan darurat

tlakomer

ukur tekanan darah

chorý / zdravý

sakit / sehat

Pomoc!

Tolong!

alarm

alarm

prepad

penyerbuan

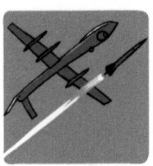

útok

serangan

nebezpečenstvo

bahaya

núdzový východ

pintu darurat

Horí!

Api!

hasičský prístroj

alat pemadam kebakaran

nehoda

kecelakaan

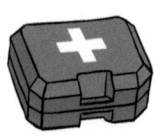

kufrík prvej pomoci

kit pertolongan pertama

SOS

SOS

polícia

polisi

Európa
....
Eropa

Severná Amerika
....
Amerika Utara

Južná Amerika
....
Amerika Selatan

Afrika
....
Afrika

Ázia
....
Asia

Austrália
....
Australi

Atlantický oceán
....
Atlantik

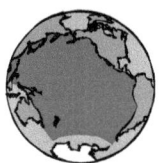

Tichý oceán
....
Pasifik

Indický oceán
....
Samudra India

Južný oceán
....
Samudra Antartika

Severný ľadový oceán
....
Samudra Arktik

Severný pól
....
kutub utara

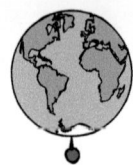

Južný pól
kutub selatan

Antarktída
Antarktika

Zem
bumi

krajina
tanah

more
laut

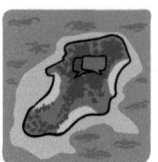

ostrov
pulau

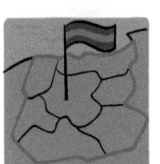

národ
bangsa

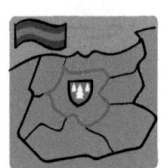

štát
negara

ciferník

jam wajah

hodinová ručička

jarum pendek

minútová ručička

jarum menit

sekundová ručička

jarum detik

Koľko je hodín?

Jam berapa?

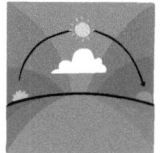

deň

hari

čas

waktu

teraz

sekarang

digitálne hodiny

jam digital

minúta

menit

hodina

jam

týždeň

minggu

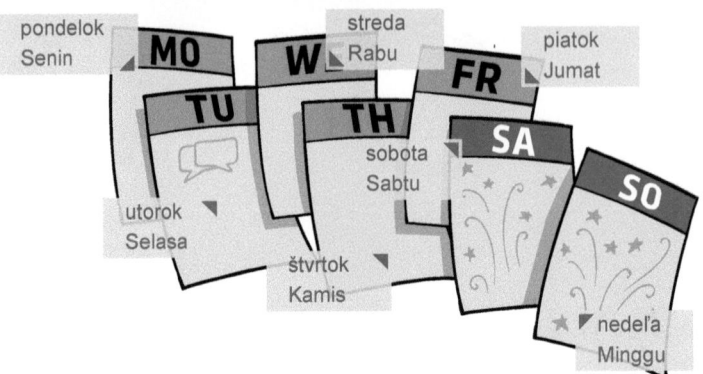

pondelok
Senin

streda
Rabu

piatok
Jumat

MO

W

FR

TU

TH

SA

utorok
Selasa

sobota
Sabtu

SO

štvrtok
Kamis

nedeľa
Minggu

včera
kemaren

dnes
hari ini

zajtra
besok

ráno
pagi

poludnie
siang

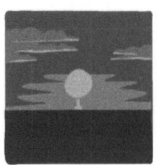

večer
malam

MO	TU	WE	TH	FR	SA	SU
1	2	3	4	5	6	7
8	9	10	11	12	13	14
15	16	17	18	19	20	21
23	23	24	25	26	27	28
29	30	31	1	2	3	4

pracovné dni
hari kerja

MO	TU	WE	TH	FR	SA	SU
1	2	3	4	5	6	7
8	9	10	11	12	13	14
15	16	17	18	19	20	21
22	23	24	25	26	27	28
29	30	31	1	2	3	4

víkend
akhir minggu

rok
tahun

dážď
hujan
dúha
pelangi
vietor
angin
sneh
salju
jar
musim semi
leto
musim panas
jeseň
musim gugur
zima
musim dingin

4.APRIL 11°
5.APRIL 4°
6.APRIL 13°
7.APRIL 8°
8.APRIL 10°

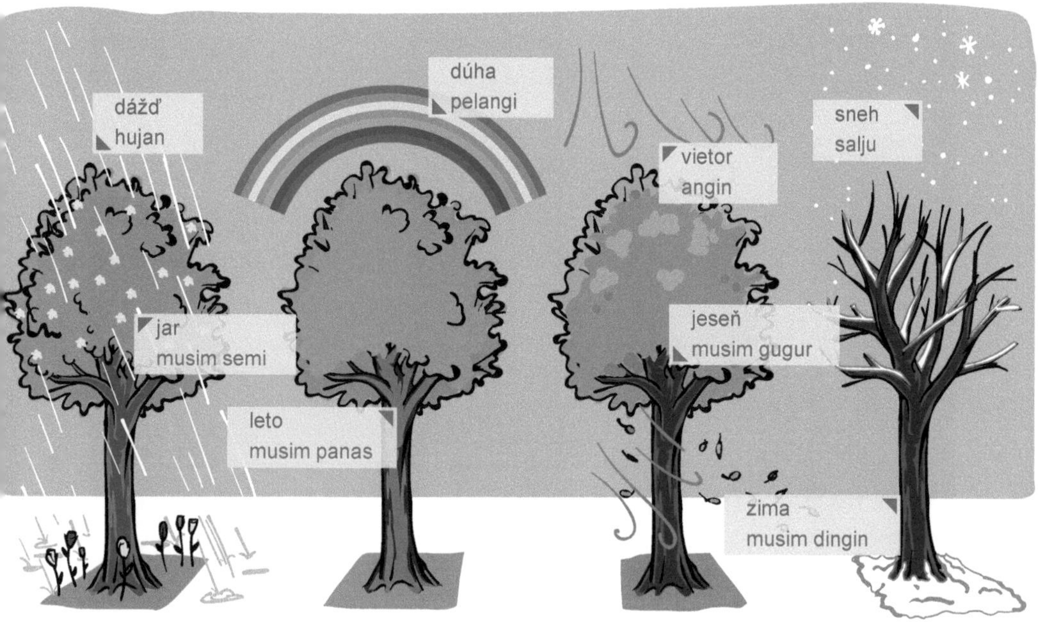

predpoveď počasia

ramalan cuaca

F C
120 40
90 30
60 20
30 10
0 0
-30 -10
-20

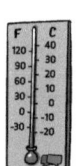

teplomer

termometer

slnečný svit

matahari

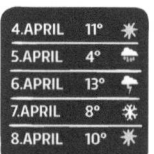

oblak

awan

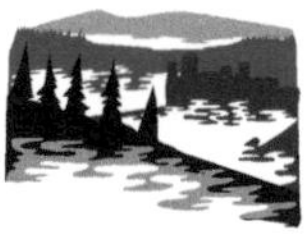

hmla

kabut

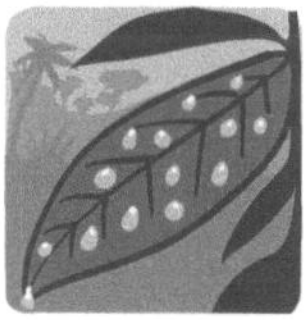

vlhkosť vzduchu

kelembahan

blesk
kilat

hrom
guntur

búrka
badai

krúpy
hujan es

monzún
monsun

záplava
banjir

ľad
es

január
Januari

február
Februari

marec
Maret

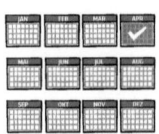

apríl
April

máj
Mei

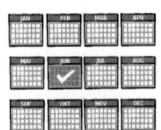

jún
Juni

júl
Juli

august
Agustus

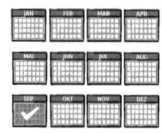

september
....
September

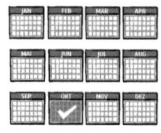

október
....
Oktober

november
....
November

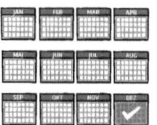

december
....
Desember

bentuk

kruh
....
lingkaran

štvorec
....
persegi

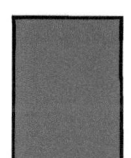

obdĺžnik
....
persegi panjang

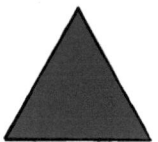

trojuholník
....
segi tiga

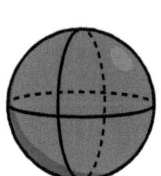

guľa
....
bola

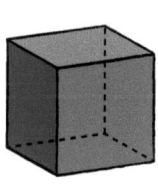

kocka
....
kubus

biela
....
putih

žltá
....
kuning

oranžová
....
oranye

ružová
....
pink

červená
....
merah

fialová
....
ungu

modrá
....
biru

zelená
....
hijau

hnedá
....
coklat

šedá
....
abu-abu

čierna
....
hitam

veľa / málo

banyak / sedikit

zúrivý / pokojný

marah / tenang

pekný / škaredý

cantik / jelek

začiatok / koniec

mulaih / selesai

veľký / malý

besar / kecil

svetlý / tmavý

terang / gelap

brat / sestra

saudara laki-laki / saudara perempuan

čistý / špinavý

bersih / kotor

úplný / neúplný

lengkap / tidak lengkap

deň / noc

hari / malam

mŕtvy / živý

mati / hidup

široký / úzky

luas / sempit

chutný / nechutný

dapat dimakan / tidak dapat
dimakan

zlostný / láskavý

jahat / baik

vzrušený / unudený

bersemangat / bosan

tlstý / chudý

gemuk / kurus

prvý / posledný

pertama / terakhir

priateľ / nepriateľ

teman / musuh

plný / prázdny

penuh / kosong

tvrdý / mäkký

keras / lembut

ťažký / ľahký

berat / enteng

hlad / smäd

lapar / haus

chorý / zdravý

sakit / sehat

nelegálny / legálny

ilegal / legal

inteligentný / hlúpy

cerdas / bodoh

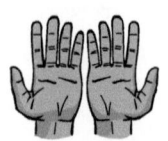

vľavo / vpravo

kiri / kanan

blízko / ďaleko

dekat / jauh

nový / použitý

baru / bekas

nič / niečo

tidak ada apapun / sesuatu

starý / mladý

tua / muda

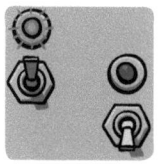

zapnuté / vypnuté

nyala / mati

otvorené / zatvorené

buka / tutup

tichý / hlasný

tenang / keras

bohatý / chudobný

kaya / miskin

správne / nesprávne

benar / salah

drsný / hladký

kasar / halus

smutný / šťastný

sedih / gembira

krátky / dlhý

pendek / panjang

pomaly / rýchlo

pelan-pelan / cepat

mokrý / suchý

basah / kering

teplý / studený

hangat / sejuk

vojna / mier

perang / damai

0

nula

nol

1

jeden

satu

2

dva

dua

3

tri

tiga

4

štyri

empat

5

päť

lima

6

šesť

enam

7

sedem

tujuh

8

osem

delapan

9

deväť

sembilan

10

desať

sepuluh

11

jedenásť

sebelas

12

dvanásť
duabelas

13

trinásť
tigabelas

14

štrnásť
empatbelas

15

pätnásť
limabelas

16

šestnásť
enambelas

17

sedemnásť
tujuhbelas

18

osemnásť
delapanbelas

19

devätnásť
sembilanbelas

20

dvadsať
duapuluh

100

sto
seratus

1.000

tisíc
seribu

1.000.000

milión
juta

jazyky
bahasa-bahasa

angličtina

Inggris

americká angličtina

bahasa Inggris Amerika

mandarínska čínština

bahasa Cina Mandarin

hindčina

bahasa Hindi

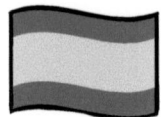

španielčina

bahasa Spanyol

francúzština

bahasa Perancis

arabčina

bahasa Arab

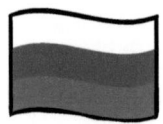

ruština

bahasa Rusia

portugalčina

bahasa Portugis

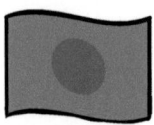

bengálčina

bahasa Bengal

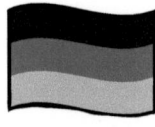

nemčina

bahasa Jerman

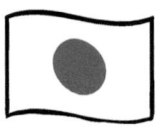

japončina

bahasa Jepang

ja

saya

ty

kamu

on/ona/ono

dia

my

kita

vy

kalian

oni

mereka

kto?

siapa?

čo?

apa?

ako?

begaimana?

kde?

dimana?

kedy?

kapan?

meno

nama

za

dibelakang

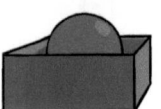

v

di

pred

didepan

nad

diatas

na

diatas

pod

dibawah

vedľa

sebelah

medzi

di antara

miesto

tempat